Ernestine Fittkau

Nadel-Filzen
Zauberhafte Weihnachts-Deko

Creativ Compact

CHRISTOPHORUS

Inhalt

3 Filzen leicht gemacht
4 Hinweise & Tipps

....

8 Schneemänner & Nikolaus
10 Glocke, Stern und Zapfen
12 Eisbären
14 Türkranz
16 Weihnachtskugeln
18 Pinguin mit Schale
20 Lebkuchenmännchen
22 Wichtel im Wald
24 Kleine Äpfel
26 Weihnachtswichtel
28 Ilex, Mistel und Weihnachtsstern
30 Adventsgirlande

Filzen leicht gemacht

Es ist einfach fantastisch, wie mit etwas Wolle und einer Filznadel supertolle Objekte entstehen. Das Beste bei dieser Technik ist, dass man richtig modellieren kann und wenn eine Form nicht ganz gefällt, ist sie ruckzuck korrigiert. Einfach mit der Nadel wieder einstechen und dadurch die Form verändern. Oder etwas Wolle auftragen bzw. abzupfen und die Form erneut mit der Nadel bearbeiten. Es ist eigentlich unmöglich, etwas falsch zu machen, außer man fängt gar nicht erst mit dem Nadelfilzen an und das wäre wirklich sehr schade.
Aber seien Sie bitte vorsichtig im Umgang mit der Nadel, denn sie hat scharfe Widerhaken. Bewahren Sie also respektvollen Abstand. Dann aber geht's los: Nehmen Sie etwas Wolle zur Hand, nadeln Sie und lassen Sie sich begeistern.
Filzen Sie mithilfe dieses Buches niedliche Schneemänner, einen flotten Nikolaus mit Bommelfüßen, kleine süße Wichtel mit Säckchen und Besen, Lebkuchenmännchen, einen weihnachtlichen Türkranz oder einen Pinguin mit Plätzchenteller. Aus einfachen Styroporformen entstehen durch Nadelfilzen wunderschöne Weihnachtskugeln mit Motiven wie Ilex, Mistel und Weihnachtsstern.

Viel Freude beim Filzen wünscht Ihnen total begeistert

Ihre

Ernestine Tittkau

Hinweise & Tipps

Die Wolle
Pflanzengefärbte Märchenwolle und Schweizer Alpenwolle im Vlies eignen sich sehr gut für die Arbeit mit der Filznadel. Vom Vlies können kleinere oder größere Stücke sehr leicht abgetrennt und verarbeitet werden. Die Farben der Märchenwolle sind eher dezent, die der Schweizer Alpenwolle eher kräftig.

Die Filznadeln
Filznadeln sind lange dünne Nadeln mit feinen Widerhaken an der Spitze, die sich leicht in die Wolle einstechen und auch ohne Widerstand wieder herausziehen lassen. Beim Herausziehen der Nadel verfilzen die Fasern miteinander. Wichtig: Die Nadel immer senkrecht einstechen, sonst kann sie leicht abbrechen. Die Nadeln sind sehr spitz, daher ist es wichtig, auf einer Unterlage wie Styropor und/oder einer dicken Filzplatte zu arbeiten und die Hände nicht in die Nähe der Einstichstelle zu bringen. Auch sollten die Augen stets beim Werkstück bleiben.

Vorlagen
Auf dem Vorlagebogen sind alle Motive abgebildet. Pfeile zeigen an, wo ein kleiner Strang Wolle in der Mitte geknickt und an der Knickstelle durch Einstiche mit der Nadel fixiert wird.

Formen und modellieren
Für eine *Kugel* einen Wollstrang zu einem Knäuel zusammenrollen. Das Ende des Strangs mit der Nadel im Knäuel fixieren. Von allen Seiten einstechen, bis ein runder Ball entsteht, der beim Zusammendrücken kaum noch nachgibt. Wolllagen kreuz und quer auftragen und mit der Nadel fixieren. Rundherum arbeiten, damit die Kugel eine gleichmäßige Form erhält. Je öfter an einer Stelle eingestochen wird, umso dichter wird dort der Filz. Zuletzt die Kugel zwischen den Handflächen rollen, um die Einstiche zu kaschieren.

Diese Hilfsmittel brauchen Sie für jedes Motiv:
Filznadel, Schere, Unterlage aus Styropor und/oder eine dicke Filzplatte

Eine **Rolle**, z. B. für die Arme, auf die gleiche Weise arbeiten, nur die Wolle nicht zusammenknüllen, sondern einen Strang formen. Um die Arme an den Körper anzufilzen, ein kleines Stück vom Strang überstehen lassen und fest an den Körper nadeln. Zum Schluss mit der Nadel sowohl in die Rolle als auch in den Körper verbindend so oft einstechen, bis der Arm fest sitzt.

Für eine **Mütze** ein Dreieck filzen und etwas mit der Nadel verdichten. Die breitere Seite so auf den Kopf legen, dass sie wie ein Kopftuch um den Kopf liegt – das Gesicht bleibt frei – und mit der Nadel anfilzen. Die Spitze zeigt nach oben. Die offene Naht an der Rückseite zusammenfilzen. Die Wolle sowohl am Kopf als auch am Mützenzipfel durch Einstechen der Nadel in die gewünschte Richtung modellieren.
Solange die Wolle noch nicht fest verfilzt ist, lässt sie sich auch wieder lösen und in eine andere Richtung dirigieren. Ist die gewünschte Form erreicht, die Wolle vorsichtig durch Einstechen von allen Seiten her verfilzen, und dabei immer noch durch Einstechen modellieren. Die Einstiche zuletzt durch locker angefilzte Wolle kaschieren.

Details anfilzen
Größere Motivteile, z. B. Bärte, separat vorfilzen und mit am Rand überstehender Wolle auf das Gesicht filzen. Kleine Details wie Augen, Nasen und Wangen mit sehr wenig Wolle zwischen den Fingern zu Kügelchen drehen und dann auffilzen. Den Mund entweder durch Nadelstiche einkerben oder mit wenigen dünnen Wollfäden auffilzen oder mit Stickgarn aufsticken.

Kleine Wichtel filzen

Einen Strang Wolle in der Mitte zusammenfalten. Den Kopf mit Wolle oder Garn abbinden und mit einigen weiteren Wolllagen zu einer Kugel filzen. Den Körper nur leicht mit der Nadel verfilzen und unten gerade abschneiden.

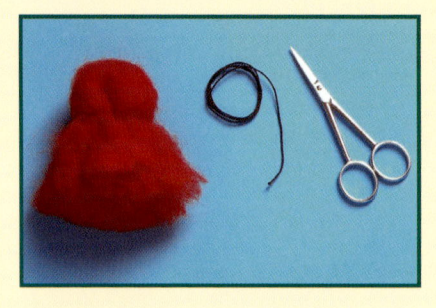

Styroporformen umfilzen

Dünne Lagen Wolle kreuz und quer auf die Styroporform legen und so lange mit der Nadel fixieren, bis die Oberfläche gleichmäßig zugefilzt ist. Die Einstiche entweder mit locker angefilzter Wolle oder durch leichtes Rubbeln mit den Fingern kaschieren.

Um Motive auf den ersten Überzug zu filzen, gibt es zwei Möglichkeiten:
- Die Formen separat vorfilzen und durch Einstiche auf der Form fixieren
- Die Formen frei auftragen, d. h. eine dünne Wolllage vorformen und mit der Nadel beim Auffilzen modellieren.

Filzen mit Negativschablonen

Das Motiv von der Vorlage auf Tonkarton übertragen und mit dem Cutter ausschneiden, rundum einen Rand von etwa 3 cm stehen lassen. Die Negativform auf die Styroporplatte legen.

Die Wolle in dünnen Lagen kreuz und quer innerhalb der Form filzen, bis sie verdichtet ist. Dann kann auf die Schablone verzichtet werden.

Das Werkstück von der Styroporplatte lösen, umdrehen und auch auf der Rückseite verfilzen. Immer wieder beide Seiten bearbeiten. Die Wolle vom Rand her zur Mitte hin filzen, um die Konturen schärfer herauszuarbeiten.

Schneemänner
Abbildung und Materialangaben Seite 8/9

1 Für Kopf, Körper, Arme und Füße Kugeln aus weißer Wolle filzen.

2 Die Kopfkugel auf die Körperkugel filzen, d. h. mit der Filznadel so lange am Hals einstechen, bis der Kopf gut hält. Ebenso die Arme anfilzen.

3 Für die Beine 10 cm langes Perlgarn in eine Stopfnadel fädeln, das Fadenende verknoten und die Nadel quer durch den ersten Fuß stechen. Am unteren Ende der Körperkugel einstechen und die Nadel nach 1,5 cm wieder herausziehen. Den zweiten Fuß auffädeln und den Faden verknoten.

4 Für die rote Zipfelmütze ein Dreieck vorfilzen und dann so um den Kopf legen, dass die offene Naht hinten liegt (s. Seite 5). Das Dreieck am Kopf festfilzen. Am Mützenzipfel mit der Nadel so lange von unten her einstechen, bis er sich in die gewünschte Form biegt, dabei gleichzeitig die Naht schließen. Einen Streifen orangefarbener Wolle direkt auf den Mützenrand filzen. Als Quaste eine kleine Kugel von 8 mm Durchmesser an den Zipfel anfilzen.

5 Die orangefarbene Mütze direkt auf den Kopf filzen. Für den Mützenrand orangefarbene und blaue Wolle kordelähnlich ineinander drehen und mehrmals mit der Nadel einstechen, damit das Band Halt bekommt, und anfilzen. Für den Bommel blaue Wolle einfilzen und glatt abschneiden.

6 Die Nase formen und auf das Gesicht filzen. Für Bäckchen und Augen Kügelchen auffilzen. Für den Mund mit der Nadel so oft in den Kopf einstechen, bis die Form gut erkennbar ist. Eventuell noch zwei blaue Kugeln von 5 mm Durchmesser als Knöpfe anfilzen. Filzschals umbinden.

Schneemänner & Nikolaus

Material

Schneemänner
- Märchenwolle oder Alpenwolle in Weiß, Orange, Rot, Blau, Schwarz
- Bastelfilz in Orange, Rot
- Perlgarn in Weiß
- Stopfnadel

Nikolaus
- Märchenwolle oder Alpenwolle in Weiß, Rot, Hellbraun meliert, Schwarz
- Perlgarn in Schwarz
- Stopfnadel

Größen
Schneemänner
- Körper: Kugel, 4 cm Ø
- Kopf: Kugel, 3,5 cm Ø
- Arme: 2 Kugeln, 1,5 cm Ø
- Füße: 2 Kugeln, 1,7 cm Ø

Nikolaus
- Körper: Kugel, 5,5 cm Ø
- Kopf: Kugel, 4 cm Ø
- Arme: 2 Kugeln, 1,7 cm Ø
- Füße: 2 Kugeln, 2 cm Ø

Vorlage A

Anleitungen Seite 7/10

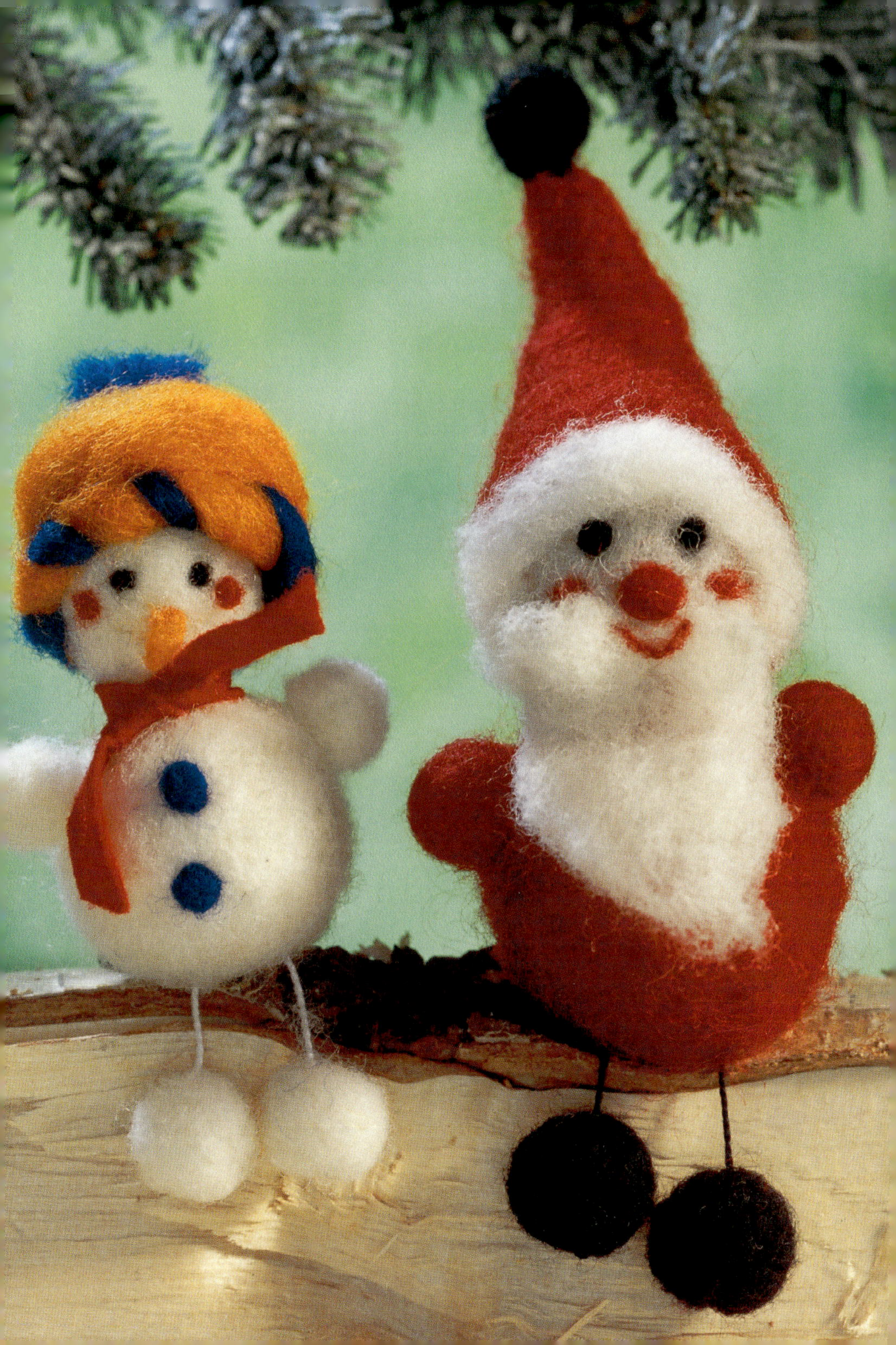

Glocke, Stern und Zapfen

Material

- Märchenwolle oder Alpenwolle in Weiß, Gelb, Orange, Rot
- Styroporglocke, 6 cm hoch
- Styroporstern, kantig, 10 cm
- Styroporzapfen, 10 cm
- Kleine Stecknadeln ohne Glaskopf
- Dünner Nylonfaden

Vorlage B

1 Die Styroporformen in der jeweiligen Grundfarbe umfilzen. Die Wolle mit der Nadel in das Styropor einstechen, bis eine gleichmäßig dichte Filzdecke entsteht (s. Seite 6).

2 Die Einstiche kaschieren, zum Beispiel dünne Wolle darüberfilzen oder das Objekt zwischen den Handflächen mehrfach hin- und herrollen.

3 Die weiße Wolle der Abbildung entsprechend als Schnee dünn auffilzen.

4 Oben jeweils eine Stecknadel einstecken und einen Aufhängefaden anbringen.

Nikolaus
Abbildung und Materialangaben Seite 8/9

1 Für Kopf und Körper rote Kugeln filzen und beide zusammenfügen, d. h. mit der Filznadel so lange am Hals einstechen, bis der Kopf hält. Das Gesicht mit hellbraun melierter Wolle auffilzen. Nase und Augen anfilzen.

2 Für die rote Mütze ein Dreieck vorfilzen und dann so um den Kopf legen, dass die offene Naht hinten liegt (s. Seite 5). Das Dreieck am Kopf festfilzen. Die Naht mit der Nadel schließen und der Mütze durch Einstiche von oben und vorne die Richtung nach oben geben. Zuletzt etwas Wolle leicht über die Mütze legen und mit wenigen Stichen festfilzen. Eine Quaste von 1,5 cm Durchmesser anfilzen.

3 Die Haare und den Bart anfilzen, ebenso die Arme. Die Füße mit Perlgarn anbringen (s. Seite 7, Schritt 3).

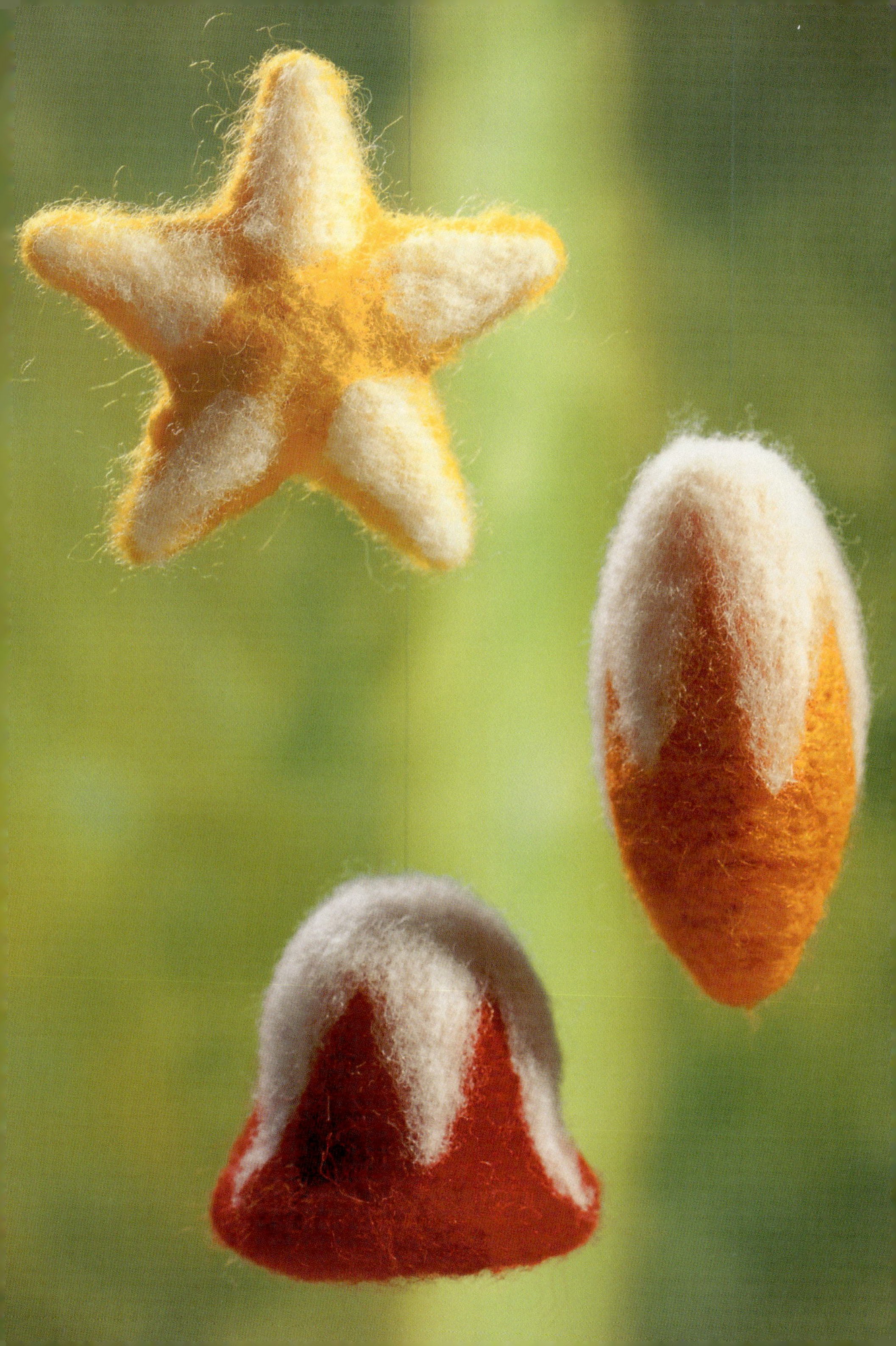

Eisbären

Material

- Märchenwolle oder Alpenwolle in Weiß, Orange, Rot
- Bastelfilz in Orange, Rot
- Je 2 Holzperlen in Schwarz, 6 mm Ø
- Perlgarn in Schwarz
- Silberdraht
- Klammerhalter
- Sticknadel
- Tonkarton
- Kohlepapier
- Bleistift
- Cutter
- Zackenschere

Vorlage C

1. Die Negativschablone vom Vorlagebogen auf Tonkarton übertragen und mit dem Cutter exakt ausschneiden.

2. In die freie Innenfläche mindestens zwei Lagen Wolle kreuz und quer auflegen und mit der Nadel verfilzen. Die Konturen und auch die Innenfläche sorgfältig filzen, damit beim Auslösen aus der Schablone die Form erhalten bleibt. Zum Arbeiten mit einer Negativschablone siehe Hinweise und Abbildung auf Seite 6. Die Fläche gleichmäßig und stabil filzen: Wenn das Motiv gegen das Licht gehalten wird, sollten keine lichten Stellen zu sehen sein.

3. Den Eisbären mit einer gefilzten Nase von 10 mm Durchmesser ausgestalten. Holzperlen als Augen aufnähen und den Mund mit einigen Stichen aufsticken.

4. Zwei kleine Kugeln von 1,5 cm Durchmesser als Schneeflocken filzen und mit Silberdraht am Hals des Eisbären befestigen.

5. Den Eisbärenkopf in der Klammer fixieren. Mit der Zackenschere einen schmalen Filzstreifen als Schal schneiden und um den Hals binden.

Tipp

Zur Stabilisierung der Form nachträglich Draht, z. B. von einer Büroklammer, in die Filzform stecken und mit der Klammer festklemmen.

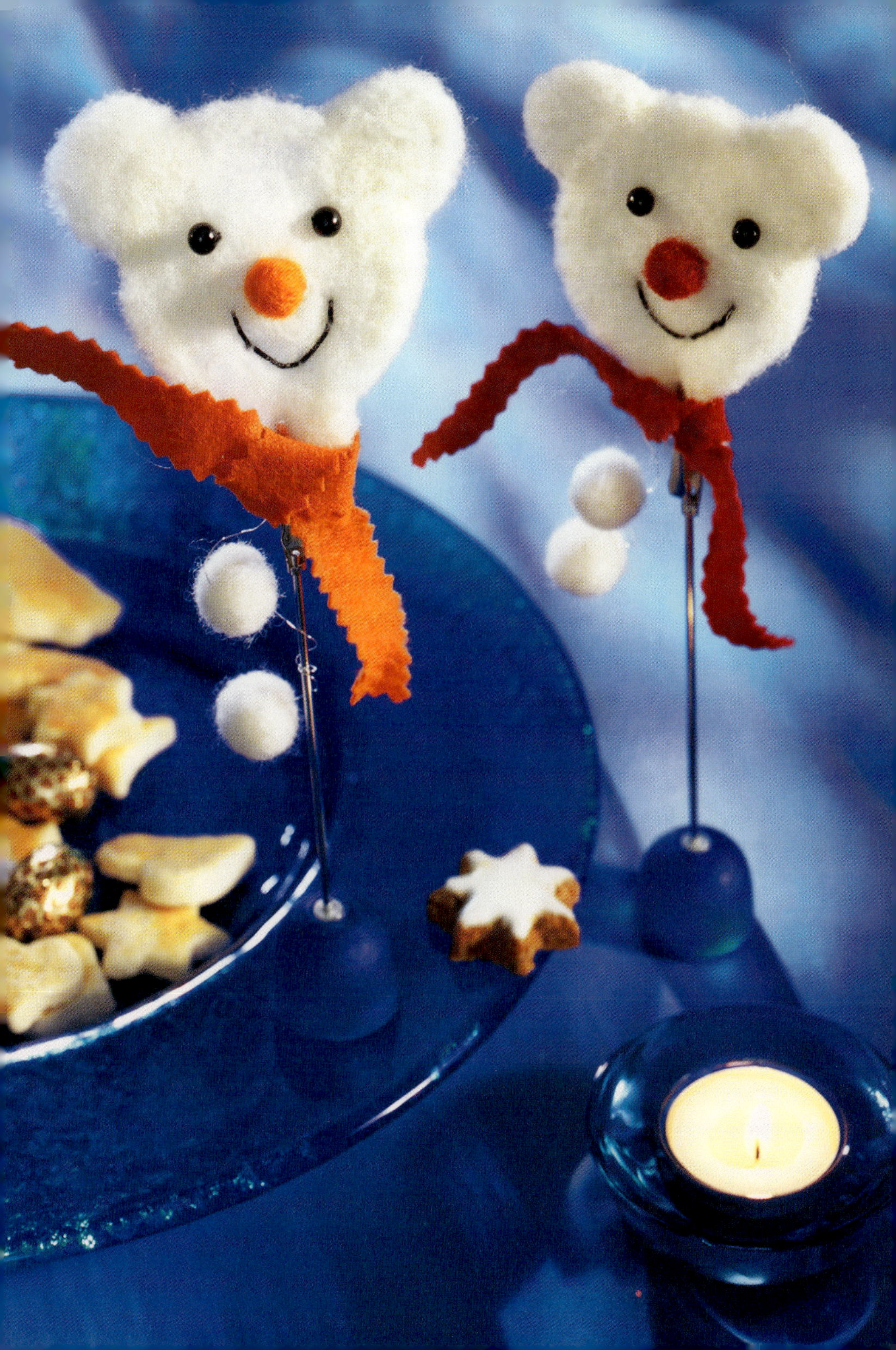

Türkranz

Material

- Märchenwolle oder Alpenwolle in Weiß, Gelb, Orange, Rot, Hellblau, Mittelgrün, Schwarz (teilweise genügen Reste)
- Bastelfilz in Rot
- Modellierfilz in Gelb
- Türkranz, z. B. aus Tannenzapfen und Moos, ca. 20 cm Ø
- Silberdraht
- Metallglöckchen
- Zackenschere

Größe

- Körper: Kegel ohne Spitze, 4,5 cm hoch
- Kopf: Kugel, 3,5 cm Ø
- Arme: 2 Rollen, 2,5 cm

Vorlage D

1 Für den Schneemann weiße Wolle aufrollen und zu einem festen kegelförmigen Körper ohne Spitze filzen.

2 Für den Kopf eine Kugel, für die Arme zwei kleine Rollen filzen. Den Kopf an den Körper filzen, d. h. mit der Filznadel so lange am Hals einstechen, bis der Kopf gut hält. Ebenso die Arme anfilzen (s. Seite 4/5).

3 Für die Mütze ein Dreieck vorfilzen und so um den Kopf legen, dass die offene Naht hinten liegt (s. Seite 5). Das Dreieck am Kopf festfilzen. An den Knickstellen so oft mit der Nadel einstechen, bis sich der Mützenzipfel in die gewünschte Richtung biegt, gleichzeitig die Naht schließen.

4 Kleine Filzkugeln als Augen und Nase direkt auf das Gesicht filzen, den Mund mit Nadelstichen markieren. Eine Tasche auf den Bauch filzen. Aus Bastelfilz einen Schal schneiden und umbinden. Den Schneemann mit Silberdraht auf dem Kranz fixieren.

5 Weiße Kugeln als Schneeflocken filzen und mit Silberdraht am Kranz verteilt befestigen bzw. zwei Schneeflocken unten anhängen.

6 Die Ilexblätter nach der Vorlage filzen, mit kleinen, direkt aufgefilzten Beeren schmücken und mit Silberdraht am Kranz befestigen.

7 Sterne aus Modellierfilz ausschneiden, unter fließendem Wasser nass machen und in einem Handtuch ausdrücken. Jeweils gelbe Wolle über einen Stern legen und an den Kanten festfilzen. Den Stern wenden und die überstehende Wolle zur Mitte hin vorsichtig festfilzen. Den Stern erneut umdrehen und fertig filzen. Mit Silberdraht am Kranz anbringen.

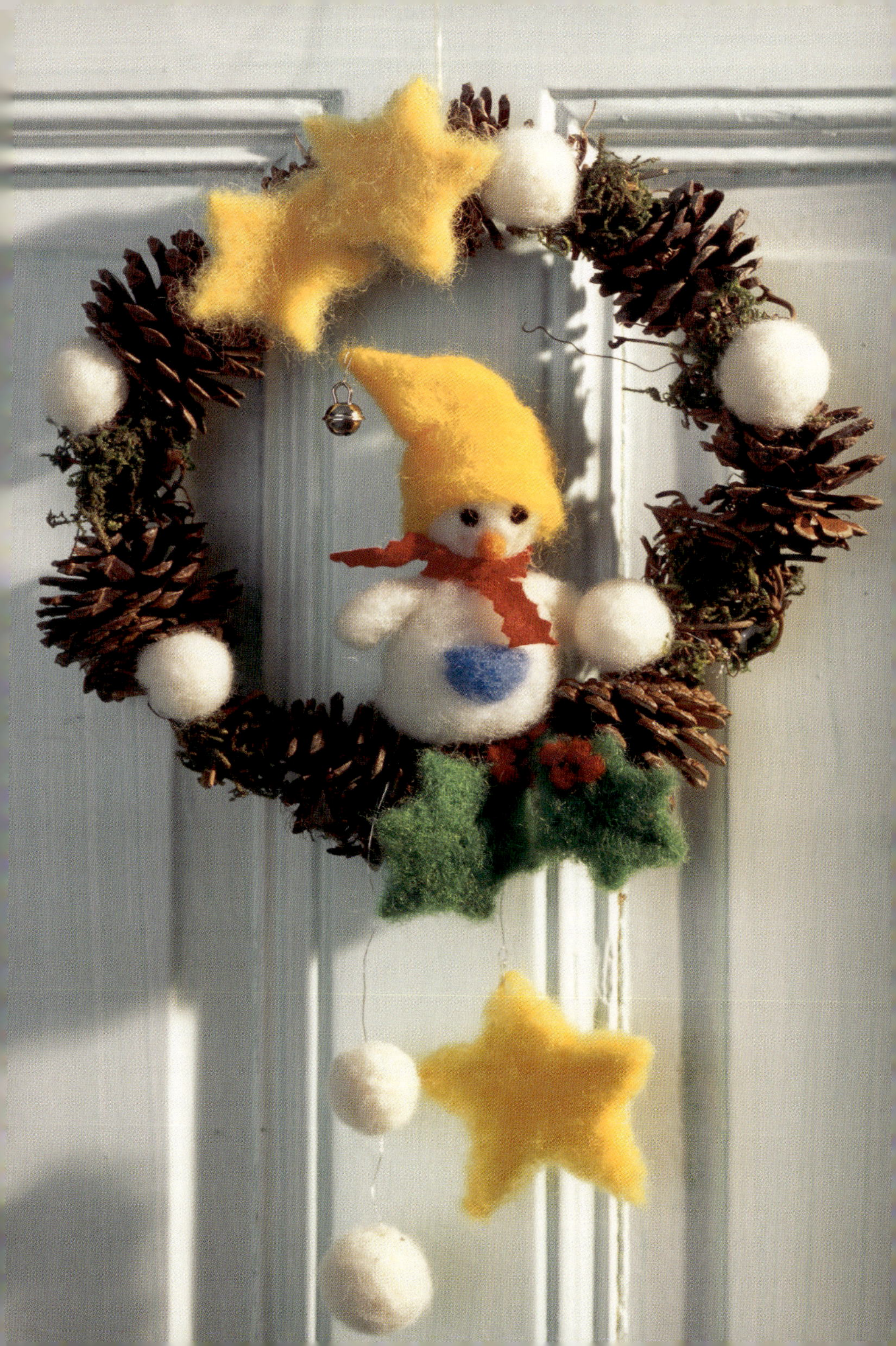

Weihnachtskugeln

Material

- Märchenwolle oder Alpenwolle in Weiß, Gelb, Orange, Rot, Blau, Grün
- Styroporkugeln, 6 cm Ø
- Kleine Stecknadeln ohne Glaskopf
- Dünner Nylonfaden

Vorlage E

1. Die Styroporkugeln in der jeweiligen Grundfarbe umfilzen. Die Wolle mit der Nadel in das Styropor einstechen, bis eine gleichmäßig dichte Filzdecke entsteht (s. Seite 6).

2. Die Einstiche kaschieren, zum Beispiel dünne Wolle darüberfilzen oder die Kugel zwischen den Handflächen mehrfach hin- und herrollen.

3. Die Motive nach der Vorlage in den entsprechenden Farben vorfilzen und anschließend auf die Kugeln filzen. Als Schneeflocken kleine Wolltupfen auf die Kugeln legen und mit der Filznadel rundherum festfilzen.

4. Oben jeweils eine Stecknadel einstecken und einen Aufhängefaden anbringen.

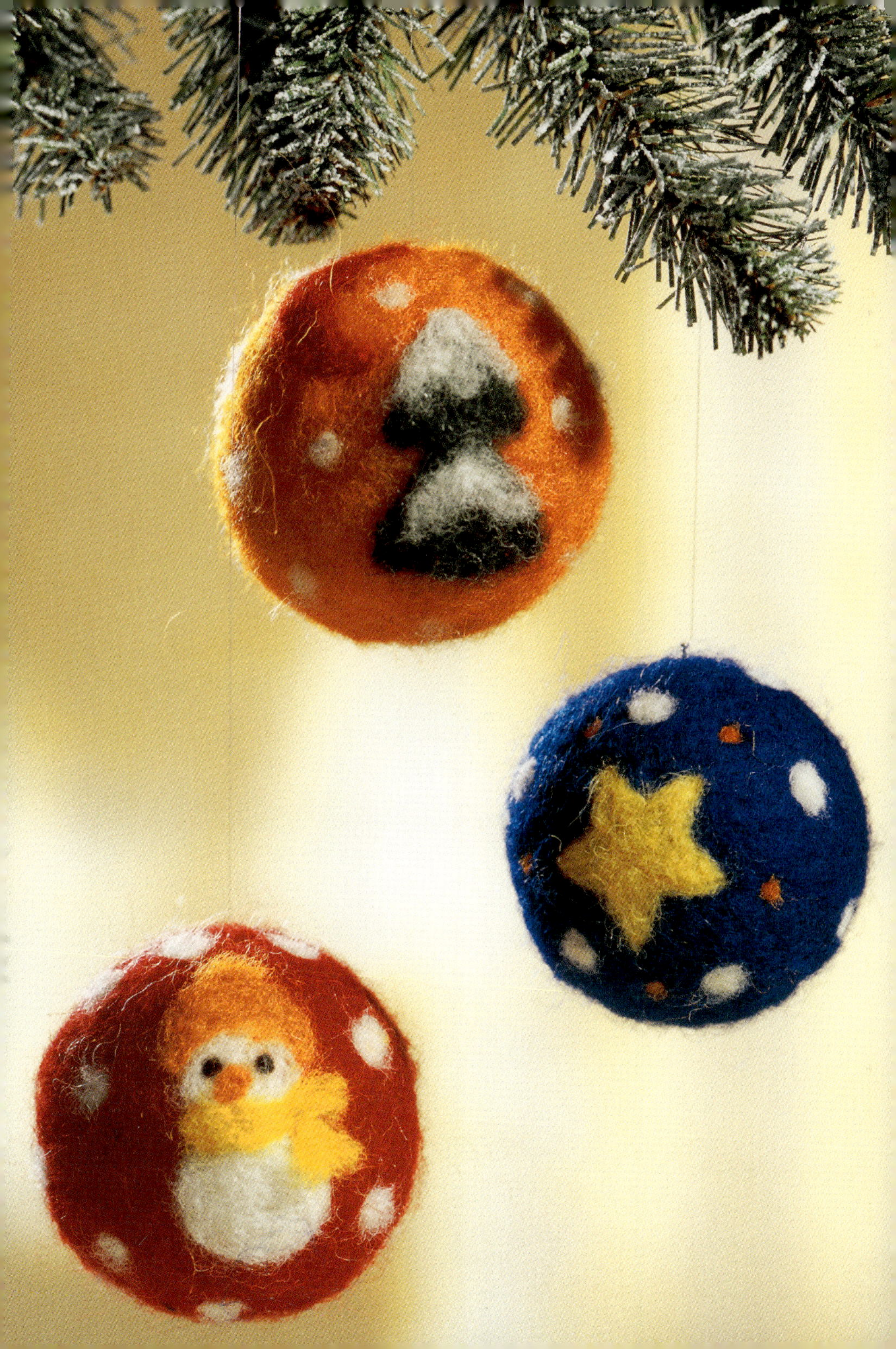

Pinguin mit Schale

Material

- Märchenwolle oder Alpenwolle in Weiß, Gelb, Schwarz
- Bastelfilzreste in Gelb, Orange, Rot
- Modellierfilz in Weiß
- Zahnstocher
- Zackenschere
- 4 Wäscheklammern
- Bastelkleber

Größe

- Körper: Kegel ohne Spitze, 4,5 cm hoch
- Kopf: Kugel, 3,5 cm Ø

Vorlage F

1. Für die Plätzchenschale ein Quadrat von ca. 17 x 17 cm mit der Zackenschere aus Modellierfilz ausschneiden. Den Filz unter fließendem Wasser nass machen und in einem Handtuch ausdrücken. Dann am besten über einer quadratischen Teedose oder Ähnlichem so formen, dass ein Rand von 4 cm an allen Seiten stehen bleibt. Während der Filz trocknet, alle vier Ecken mit Wäscheklammern fixieren. Daraus ergeben sich vier kleine taschenähnliche Falten.

2. Kopf und Körper des Pinguins nach der Vorlage filzen und beide miteinander verbinden. Weiße Flächen auf Kopf und Bauch filzen. Den Schnabel vorfilzen und dann mit einigen Nadelstichen fixieren. Oben am Kopf ein kleines Büschel anbringen. Kleine Filzkugeln als Augen auffilzen.

3. Nach der Vorlage eine Eisscholle aus Modellierfilz und Sterne aus Bastelfilz ausschneiden.

4. Den Zahnstocher in die Unterseite des Pinguins stecken und durch das Loch der Eisscholle führen. Den Zahnstocher in eine der Falttaschen einstecken. Die Sterne an den Rand der Schale kleben.

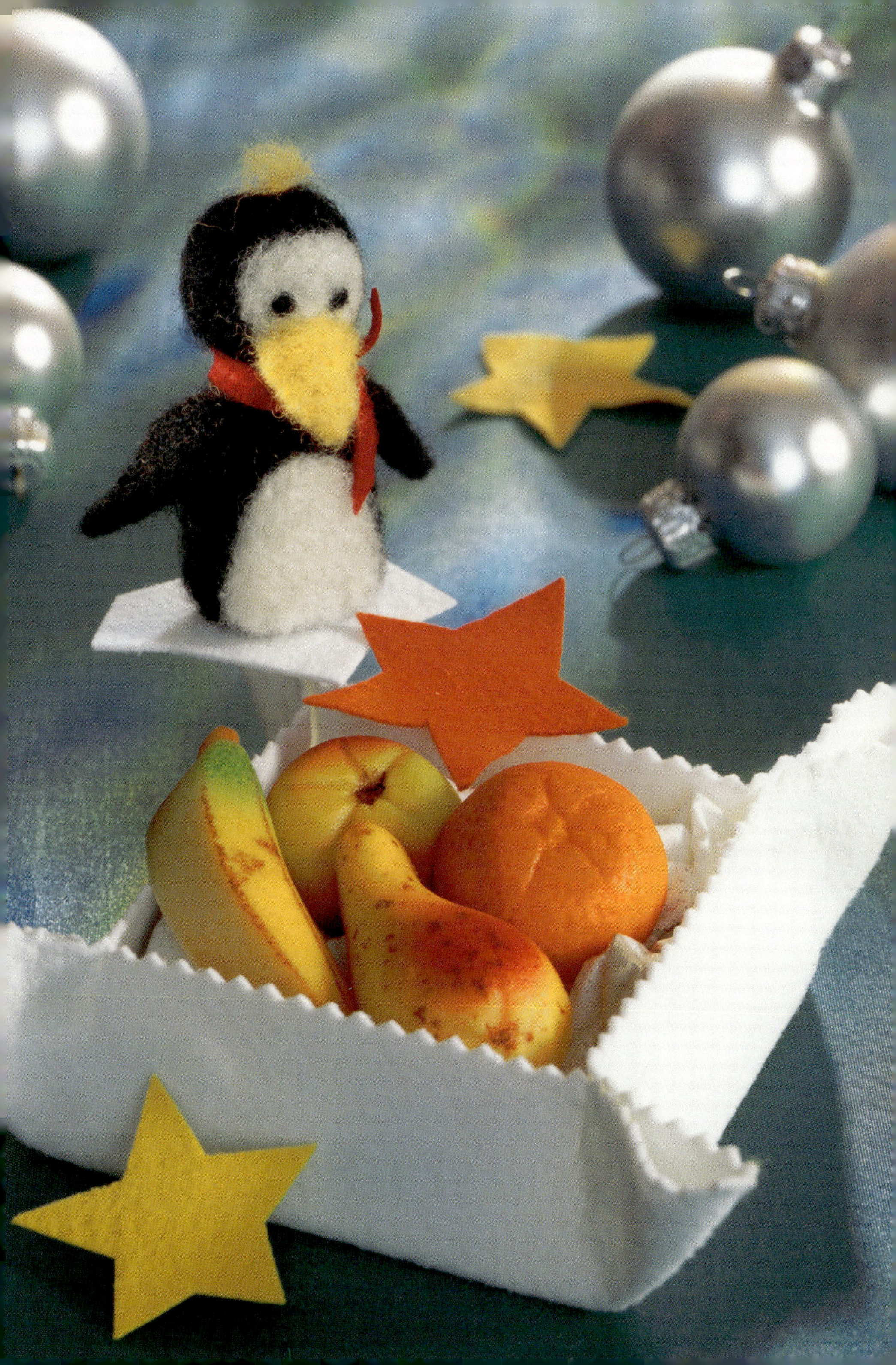

Lebkuchenmännchen

Material

- Märchenwolle oder Alpenwolle in Rot, Hellbraun, Dunkelbraun
- Bastelfilzrest in Rot
- Chenilledraht in Braun
- Je 2 Holzperlen in Schwarz, 6 mm Ø
- Zahnstocher
- Tonkarton
- Kohlepapier
- Bleistift
- Cutter

Vorlage G

1. Die Negativschablone vom Vorlagebogen auf Tonkarton übertragen und mit dem Cutter exakt ausschneiden.

2. In die freie Innenfläche mindestens zwei Lagen Wolle kreuz und quer auflegen und mit der Nadel verfilzen. Die Konturen und auch die Innenfläche sorgfältig filzen, damit beim Auslösen aus der Schablone die Form erhalten bleibt. Zum Arbeiten mit einer Negativschablone siehe Hinweise und Abbildung auf Seite 6.

3. Auf die halb fertige Form Chenilledraht auf Arme und Beine legen und weitere Wolllagen vorsichtig darüberfilzen. Vorsicht: Die Nadel kann am Chenilledraht leicht abbrechen. Den Filz sorgfältig und gleichmäßig mit der Nadel bearbeiten, bis kein Chenilledraht mehr zu sehen ist.

4. Die Papierschablone entfernen und das Lebkuchenmännchen so lange von beiden Seiten filzen, bis es genügend Festigkeit erreicht hat, um mithilfe des eingelegten Chenilledrahts sitzen zu können.

5. Holzperlen als Augen aufnähen. Die Mundform so lange mit der Nadel einstechen, bis sie sich gut abzeichnet. Nase, Bäckchen, Knöpfe und Verzierungen auffilzen.

6. Den Stern nach der Vorlage filzen, auf einem Zahnstocher befestigen und in den Arm des Lebkuchenmännchens stecken.

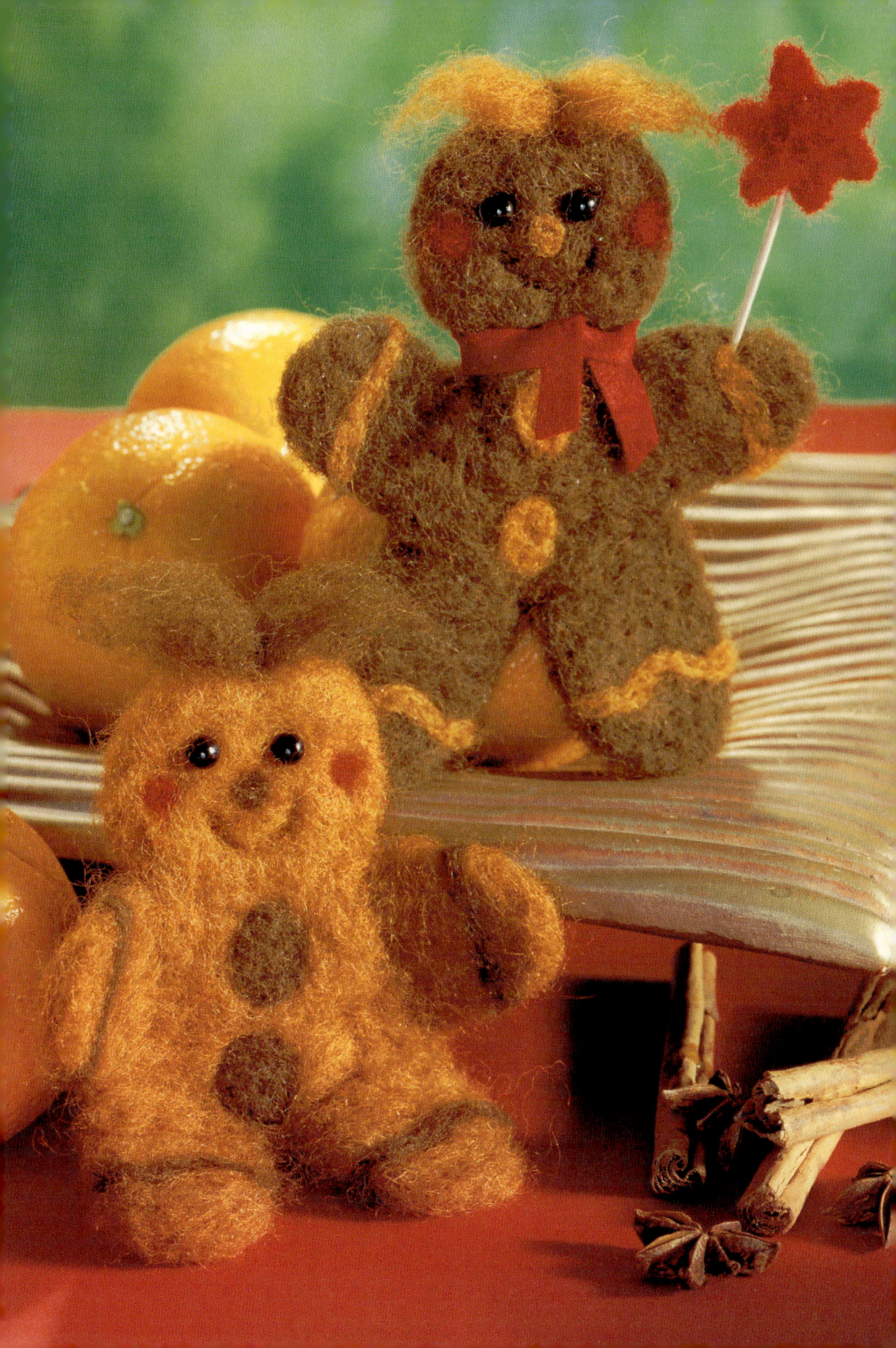

Wichtel im Wald

Material

- Märchenwolle oder Alpenwolle in Weiß, Rot, Hell und Dunkelgrün, Schwarz
- 2 Styroporkegel, 12 cm hoch
- Bastelfilz in Gelb, Orange
- Zackenschere
- Teelichter

Größe
- Körper: Kegel ohne Spitze, 4,5 cm hoch
- Kopf: Kugel, 2,5 cm Ø

Größe
- Körper: Kegel ohne Spitze, 3,5 cm hoch
- Kopf: Kugel, 2,5 cm Ø

Vorlage H

1 Dunkelgrüne Wolle gleichmäßig auf die Styroporkegel filzen (s. Seite 6). Einen Kegel mit Hellgrün und Weiß, den anderen Kegel nur mit Weiß überfilzen.

2 Eine weiße Kugel für den Kopf und einen roten Kegel ohne Spitze für den Körper des Wichtels filzen. Beide zusammenfilzen.

3 Für die Mütze ein Dreieck vorfilzen und so um den Kopf legen, dass die offene Naht hinten liegt (s. Seite 5). Am Mützenzipfel mit der Nadel so lange von unten her einstechen, bis er sich in die gewünschte Form biegt, dabei gleichzeitig die Naht schließen.

4 Haare und Bart direkt auffilzen. Eine kleine rote Kugel als Nase, zwei schwarze Tupfen als Augen fixieren.

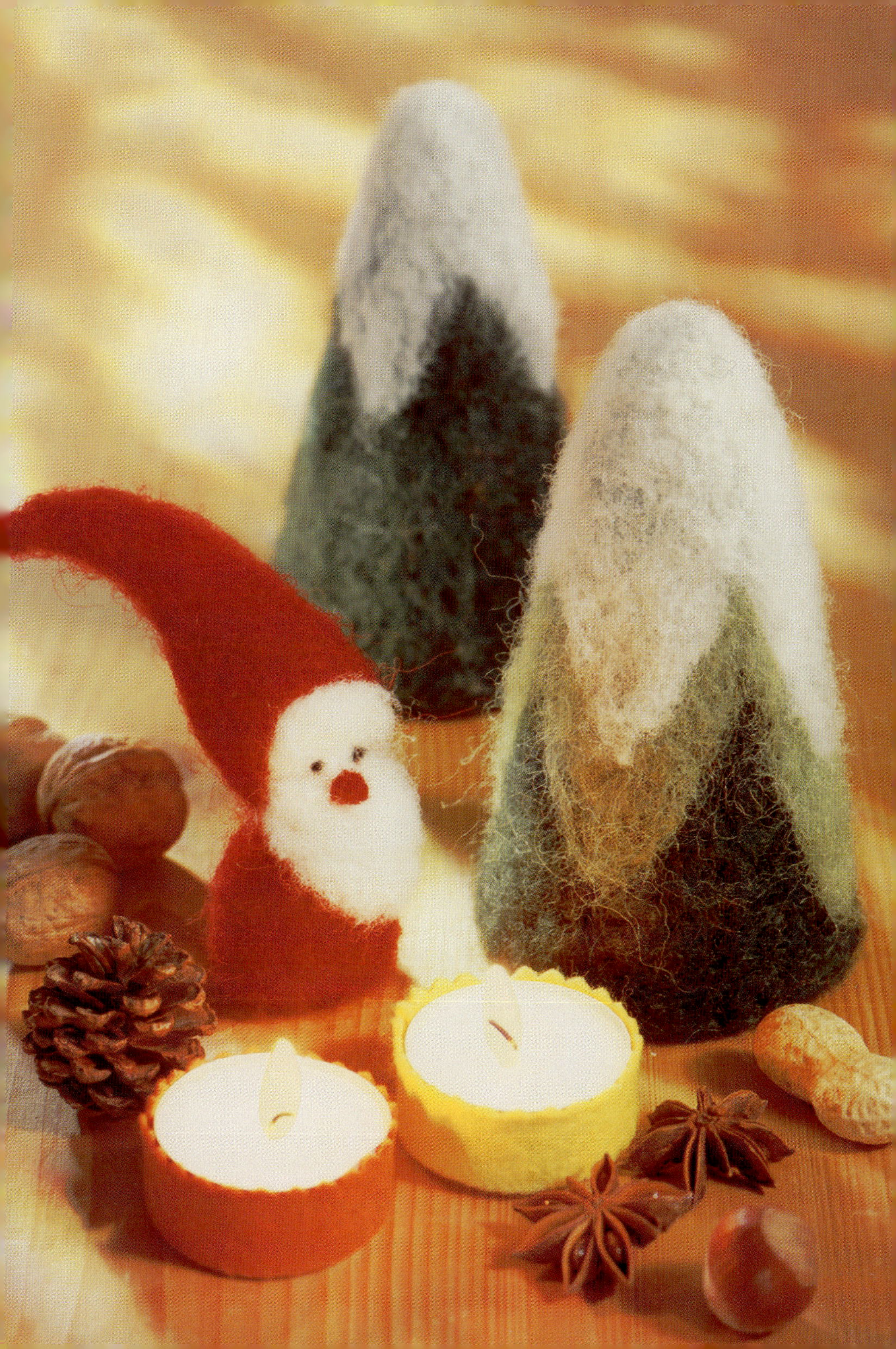

Kleine Äpfel

Material

Äpfel
- Märchenwolle oder Alpenwolle in Rot, Hell- und Dunkelbraun, Dunkelgrün
- Bastelfilzreste in Orange, Hell- und Dunkelgrün
- Zackenschere

Tannenbäume
- Märchenwolle oder Alpenwolle in Orange, Rot, Dunkelgrün
- Bastelfilzreste in Gelb, Rot, Hellbraun
- Holzwäscheklammern
- Bastelkleber

Vorlage I

Äpfel

1. Für jeden Apfel etwas rote Wolle zusammenrollen und zu einer festen Kugel von 3 cm Durchmesser filzen (s. Seite 4). An einer Stelle mehrfach mit der Nadel einstechen, um die Oberfläche an dieser Stelle zu vertiefen.

2. Stiel und Blatt filzen. Das Blatt an den Stiel filzen und den Stiel in der Vertiefung des Apfels fixieren.

3. Mit der Zackenschere Kreise aus Bastelfilz schneiden und die Äpfel auflegen.

Tannenbäume

1. Mit dunkelgrüner Wolle nach der Vorlage Tannenbäume filzen. Rote oder orangefarbene Wollstreifen leicht auffilzen.

2. Für den Stamm jeweils eine Wäscheklammer mit einem Streifen Bastelfilz bekleben, den gefilzten Tannenbaum mit wenig Klebstoff aufkleben. Nach der Vorlage einen Stern aus Bastelfilz schneiden und fixieren.

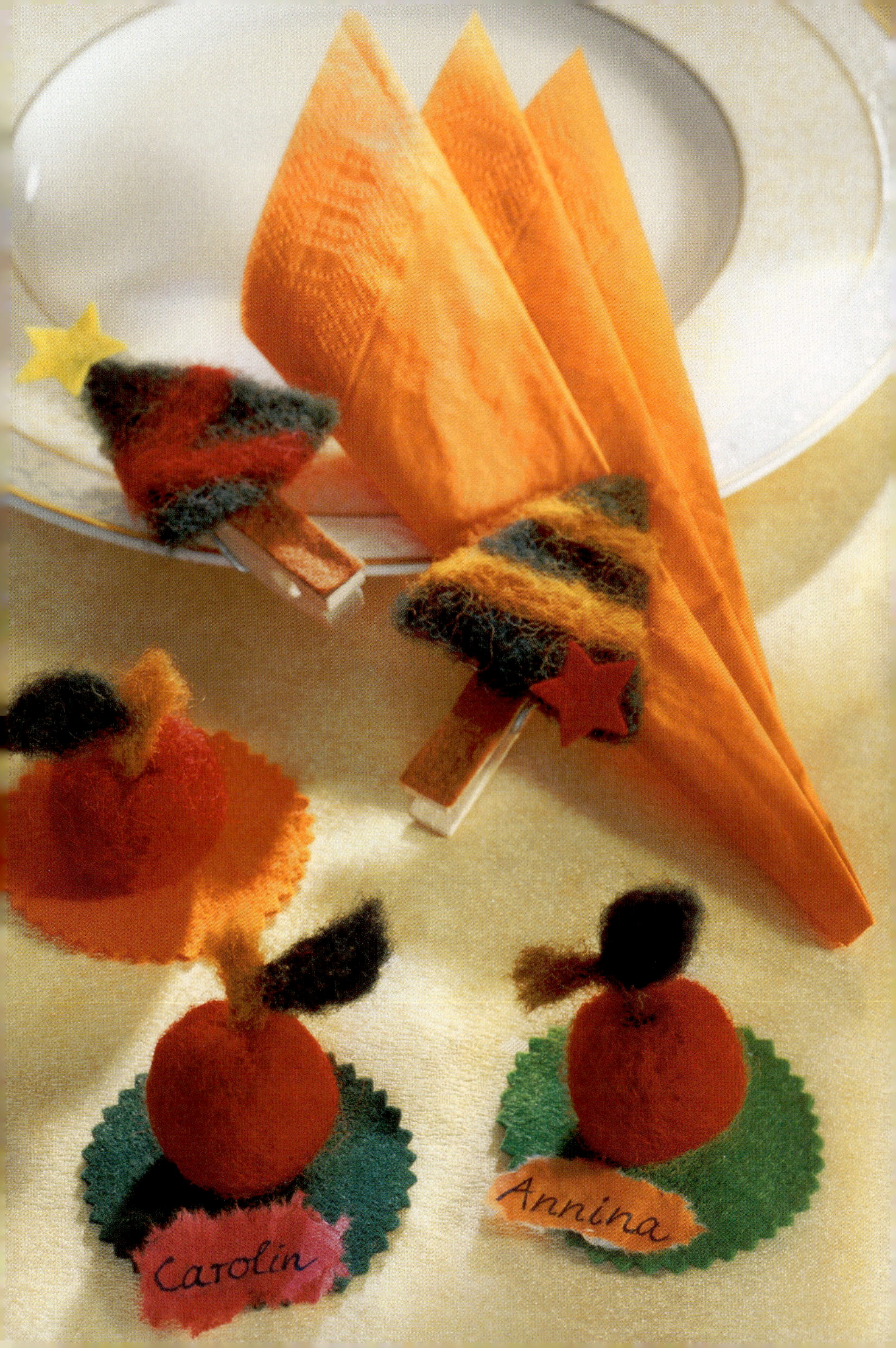
Annina
Carolin

Weihnachtswichtel

Material

- Märchenwolle oder Alpenwolle in Weiß, Orange, Rot, Hellgrün, Hellblau, Dunkelgrün, Hellbraun meliert, Schwarz
- Stickgarn
- Bastelfilzrest in Gelb
- Zahnstocher

Vorlage J

1. Für jeden Wichtel einen 20 cm langen roten Wollstrang quer in der Mitte zusammenlegen (s. Seite 6).

2. Das obere Drittel als Kopf mit Garn abbinden und mit der Filznadel rundum zu einer runden Kugel formen.

3. Den Kopf fest, den Körper locker mit der Nadel verfilzen. Den Körper unten gerade abschneiden und noch etwas verfilzen, damit der Wichtel gut steht.

4. Hellbraun melierte Wolle als Gesicht auf den Kopf filzen. Für die Mütze jeweils einen Strang Wolle so um den Kopf legen und anfilzen, dass das Gesicht frei bleibt. Die Mütze durch Einstechen formen und am Kopf festfilzen.

5. Weiße Wolle als Haare unter die Mütze schieben und anfilzen. Den Bart vor- und dann anfilzen. Augen und Nase auffilzen.

6. Die Säckchen filzen, ein schmales Bändchen aus Bastelfilz umbinden und am Wichtel fixieren. Die Besenhaare filzen und einen Zahnstocher als Stiel einstecken. Den Besenstiel in den Wichtel stecken.

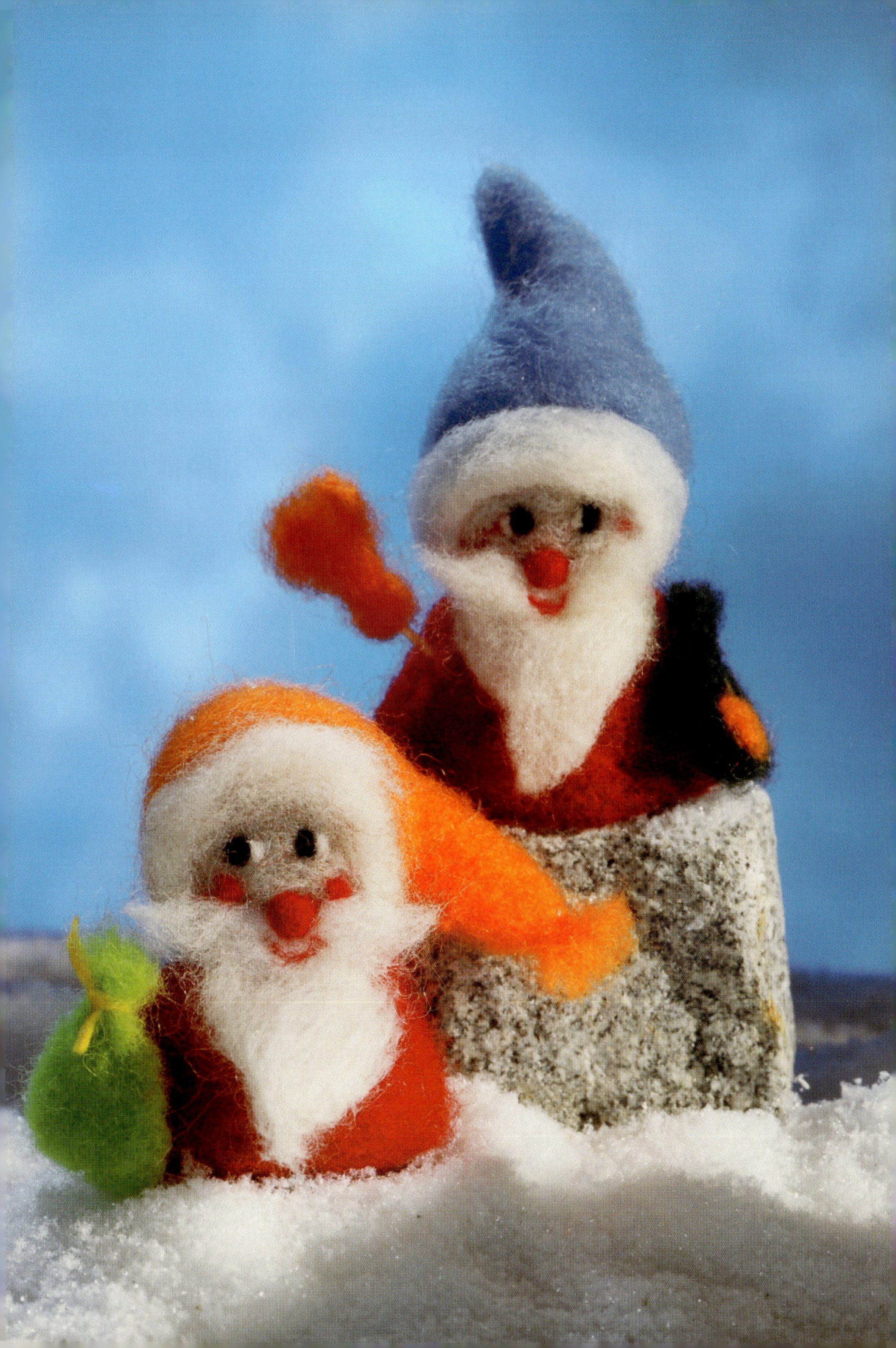

Ilex, Mistel und Weihnachtsstern

Material

- Styroporkugeln, 5 cm Ø
- Märchenwolle oder Alpenwolle in Weiß, Gelb, Rot, Hell- und Dunkelgrün

Vorlage K

1. Die Kugeln mit weißer Wolle gleichmäßig und dicht überfilzen (s. Seite 6).

2. Die einzelnen Motive nach Vorlage und Abbildung auf die Kugeln filzen. Für die weißen, gelben und roten Früchte jeweils kleine Wollkügelchen auffilzen.

Adventsgirlande
Material und Abbildung Seite 30/31

Für jedes **Täschchen** nach der Vorlage ein Rechteck filzen. Dazu mehrere Lagen Wolle längs und quer auf die Unterlage legen und mit der Nadel gleichmäßig so lange einstechen, bis der Filz stabil ist.
Das Rechteck vorsichtig von der Unterlage lösen und auf der Rückseite ebenfalls dicht verfilzen. Das fertige Filzrechteck in der Mitte falten und an den Rändern etwa 5 mm von der Kante entfernt fest zusammenfilzen.
Die Täschchen mit aus Bastelfilz geschnittenen Motiven verzieren und mit jeweils zwei Holzwäscheklammern an die Kordel hängen.

Die **Häuschen** wie die Täschchen zunächst als stabile Rechtecke nach der Vorlage filzen. Das andersfarbige Dach vorfilzen und dann an das Rechteck anfilzen. Türen und Fenster auffilzen. Die Häuschen quer zusammenfalten, das Dach steht über. Die Ränder wie bei den Täschchen sehr fest zusammenfilzen. Die Häuschen an der Rückseite mit jeweils zwei Holzwäscheklammern an der Kordel befestigen.

Adventsgirlande

Material

Adventstäschchen
- Märchenwolle oder Alpenwolle in Orange, Rot, Hellgrün, Dunkelblau
- Bastelfilzreste in Orange, Rot, Grün, Braun
- Kordel in Rot
- Kleine, bunte Holzwäscheklammern
- Zackenschere

Adventshäuschen
- Märchenwolle in Gelb, Orange, Rot, Hell- und Dunkelblau, Dunkelgrün
- Kordel in Rot
- Kleine, bunte Holzwäscheklammern

Vorlage L

Tipp
Mit vorgestanzten Zahlen aus Fotokarton und einer entsprechenden Anzahl an Häuschen und Täschchen wird aus der Adventsgirlande ein Adventskalender

Impressum

© Christophorus
im Verlag Herder
Freiburg im Breisgau 2004
Alle Rechte vorbehalten –
Printed in Germany
ISBN 3-419-56650-6

Jede gewerbliche Nutzung der Arbeiten und Entwürfe ist nur mit Genehmigung der Urheberin und des Verlages gestattet. Bei Anwendung im Unterricht und in Kursen ist auf diesen Band der Reihe Creativ Compact hinzuweisen.

Lektorat und Produktion:
Elke Fox, Freiburg

Styling und Fotos:
Seiten 4 – 6, 28:
Christoph Schmotz, Freiburg;
alle übrigen und Titelbild:
Roland Krieg, Waldkirch

Layoutentwurf:
Network!, München

Coverrealisierung:
smp, Freiburg

Druck:
Freiburger Graphische Betriebe

Wir sind für Sie da, wenn Sie Fragen haben.
Und wir interessieren uns für Ihre eigenen Ideen und Anregungen.
Schreiben Sie uns, wir hören gern von Ihnen!
Ihr Christophorus-Team

Verlag Herder GmbH
Christophorus-Verlag
Hermann-Herder-Str. 4
79104 Freiburg
Tel.: 0761/2717-0
Fax: 0761/2717-352
e-mail:
info@christophorus-verlag.de
www.christophorus-verlag.de

Weitere Titel von Ernestine Fittkau

Löffel-Figuren lustig bunt
3-419-56573-9

Löffel-Figuren rund ums Jahr
3-419-56596-8

Einladungskarten zum Kindergeburtstag
3-419-56502-X

Masken & Hüte aus Papier
3-419-56592-5

Kunterbunte Osternester
3-419-56561-5

Wir basteln für den Weihnachtstisch
3-419-56522-4